Étude de Mᵉ LETELLIER, Avoué.

MM. DOTTA & PREVOST FRÈRES

ET LA

COMPAGNIE LA PRUDENCE,

APPELANTS;

CONTRE

1° La Compagnie d'Assurances l'ELBEUVIENNE,
2° La Compagnie la FRANCE,
3° La Compagnie l'URBAINE,
4° La Compagnie la SÉCURITÉ,
5° La Compagnie l'INDEMNITÉ,
6° M. Nicolas-Augustin DELARUE et joints,

TOUS INTIMÉS.

JUGEMENTS ET PIÈCES DU PROCÈS.

Jugement d'appointement du 2 mai 1850.

Le Tribunal, sans s'arrêter à aucuns moyens contraires, accordant acte des dénégations et articulations respectives, ordonne seulement et avant faire droit que Dotta et joints feront preuve, comme en matière ordinaire, du dernier fait par eux consigné dans leur conclusion d'appointement, savoir : « Que le feu n'a pas commencé chez eux. »

Delarue et consorts, autorisés à faire la preuve contraire, et notamment à prouver :

1° Que le 24 décembre 1849, vers huit heures et demie du matin, le nommé Ernest, âgé d'environ douze ans, employé chez les sieurs Dotta et Prévost frères, s'est introduit, muni d'une chandelle allumée, dans les greniers du sieur Dotta, à l'effet d'y prendre des copeaux ;

2° Que, rencontré par une personne alors qu'il descendait avec les copeaux sous le bras et une chandelle allumée, cette même personne lui aurait dit : « Mauvais gamin ! tu ne seras content que lorsque tu nous auras mis le feu sur le dos. » A quoi il aurait répondu par des paroles assez grossières ;

3° Qu'à peine une heure et demie se fut écoulée, que le feu se manifesta avec une extrême violence ; qu'en apprenant le sinistre, la personne qui aurait vu le jeune Ernest se rendre dans les greniers de Dotta avec une chandelle allumée, dit : « Cette catastrophe ne m'étonne pas, c'est Ernest qui a mis le feu ; »

4° Que les autorités s'étant rendues sur les lieux, une enquête fut commencée par le commissaire de police ; que devant ce fonctionnaire, les employés de Dotta furent entendus, mais qu'aussitôt l'événement, Ernest, qui avait à se reprocher cet incendie, disparut et ne fut entendu que le lendemain, après recherches de la police ;

5° Que le jeune employé, interrogé, a avoué être monté avec une chandelle allumée, et qu'il l'avait oubliée pendant quelque temps dans les greniers ;

6° Qu'enfin il fut reconnu par toutes les personnes présentes, que l'unique cause de l'incendie était due à l'imprudence du jeune Ernest, etc.

Rapport des Experts.

L'incendie a détruit complètement le comble de la maison dont il s'agit. — Aucune des pièces de bois de ce comble ne nous a été représentée. — Les planches qui recouvraient les solives composant le plancher du grenier ont été brûlées presqu'en entier. Il en reste cependant quelques portions de formes irrégulières vers la rue du Maurepas et contre le pignon qui aboutit sur cette rue. — Les solives du plancher sont carbonisées dans une partie de leur épaisseur. Celles donnant le long de la rue de la Porte-Rouge ont souffert plus que les autres ; elles sont même tombées en partie, notamment à peu de distance du pignon aboutissant sur cette rue de la Porte-Rouge.

Pour constater d'une manière intelligible l'état matériel des lieux, il était indispensable de dresser un plan figuratif du plancher ; c'est ce que nous avons fait, d'après les notes recueillies sur place ; ce plan, annexé au présent rapport, indique au moyen d'une légende les détails dont il eut été difficile de donner autrement une juste idée.

Il nous a été impossible de déterminer, d'après la seule inspection des lieux, les véritables causes de l'incendie ; il eût fallu, pour découvrir ces causes, procéder à une enquête à laquelle nous n'étions pas autorisés. Toutefois nous avons reconnu et constaté que cet incendie ne provenait pas d'un vice de construction ; qu'il ne devait pas être attribué aux cheminées ; qu'il n'avait pas pris naissance au-dessous du dernier plancher, mais au-dessus, c'est-à-dire dans les greniers mêmes.

—A voir le plan qui représente l'état des lieux., on serait porté à croire que l'incendie a commencé vers le bout du bâtiment donnant sur la rue de la Porte-Rouge, car c'est dans cette partie qu'on remarque les plus grands dégâts ; c'est là que les planches qui recouvraient les solives ont été complétement brûlées et que plusieurs solives ont entièrement disparu. — A moins de circonstances exceptionnelles dans la direction donnée aux secours durant l'incendie, il arrive en général que la partie la plus endommagée en définitive est celle où l'incendie a pris naissance. Mais il ne serait pas impossible que l'enquête établît la réalité des circonstances exceptionnelles qui s'opposent quelquefois à ce qu'on puisse rien affirmer à cet égard. C'est donc l'enquête qui pourra faire connaître les conséquences à tirer des circonstances matérielles qui sont l'objet de cette expertise.

En ce qui concerne les portions de grenier occupées par MM. Dotta et Prevost frères, nous devons dire :

1° Que dans la première partie, située dans l'angle formé par le pignon et la face vers la cour, il y avait encore, lors de notre visite, *une grande quantité de papillotes de menuisier* et que, s'il est démontré par l'enquête que ces papillotes se trouvaient dans cette portion de grenier avant l'incendie, il y aura lieu de penser que l'incendie *n'a pas dû commencer en cet endroit, vu que ces papillotes auraient été brûlées ;*

2° Que dans la deuxième partie de la location des sieurs Dotta et Prevost frères, laquelle est indiquée sur le plan *et se trouve entre un grand corps de tuyaux de cheminées et la rue du Maurepas,* il y avait, *lors de notre visite, une assez grande quantité de paille, ce qui établirait la même présomption pour cette deuxième partie que pour la première.* — Toutefois une certaine portion très irrégulière des planches qui couvraient les solives de cette deuxième partie de location, a été brûlée et détruite; les solives elles-mêmes, mises à découvert, ont été gravement endommagées.

Enquête des sieurs Dotta et Prevost.

1er *Témoin,* — le sieur Florentin **Fesche,** âgé de 25 ans, lamier, demeurant à Elbeuf, rue du Neubourg, dépose :

« Le jour de l'incendie, j'étais alors ouvrier chez MM. Dotta et Prevost; un ramoneur, qui se trouvait dans une cheminée en face, me prévint, en m'appelant du haut de la cheminée dans laquelle il était , qu'il voyait le commencement d'un incendie , qu'il fallait crier au feu. Je me plaçai dans la rue de manière à pouvoir fixer moi-même les flammes, et effectivement je m'aperçus que par la *deuxième lucarne*, en montant la rue de la Barrière , on voyait le commencement d'un incendie. J'ignore de quelle location dépend cette seconde lucarne , mais je sais qu'elle se trouve placée au-dessus de la maison occupée par M. Mordret, menuisier. Le danger auquel nous exposait l'incendie me fit quitter la maison. »

Sur l'interpellation à lui adressée, à la demande de Me Gautier-Lamotte, avoué de MM. Dotta et Prevost frères, le témoin dit que le jour même de l'incendie, les ouvriers de MM. Dotta et Prevost frères avaient commencé à travailler à huit heures un quart, et qu'habituellement la journée des ouvriers commençait à sept heures et demie.

2° *Témoin*, — Victor **Harang**, 24 ans, lamier, demeurant à Caudebec-lès-Elbeuf, dépose :

« Le jour du sinistre j'étais encore ouvrier chez MM. Dotta et Prevost frères; je n'en suis sorti qu'il y a environ six semaines. — Sur les huit heures et demie, neuf heures, je fus prévenu par deux de mes camarades, qui travaillaient vers la rue Maurepas, qu'ils voyaient un sieur Thomas qui semblait donner un signe d'avertissement avec son bras. Nous ne fîmes pas d'abord beaucoup d'attention à ce signe ; mais bientôt une dame Thiébaut parut sur sa porte, et vint ensuite chez M Dotta avertir qu'elle voyait la fumée sortir de la lucarne de M. Mordret. — Aussitôt tous les ouvriers sont sortis pour prêter secours en se joignant à ceux qui déjà travaillaient à éteindre l'incendie. J'ai vu par moi-même une fumée épaisse sortir par cette lucarne. Lorsque j'ai été sorti de la cour, cinq ou dix minutes après, toute la toiture du bâtiment était embrasée. »

Sur l'interpellation à lui faite, à la demande de Me Gautier-Lamotte, avoué, le témoin déclare que « lorsque les pompiers sont arrivés sur le lieu du sinistre, l'intensité du feu était dans la toiture, et que lui, comme les autres ouvriers, s'est occupé à sauver le mobilier qui se trouvait dans l'atelier. »

3° *Témoin*, — André-Laurent **Bastin**, 53 ans, coiffeur à Elbeuf, rue du Maurepas, dépose :

« Le lundi, veille de Noël dernier, quelqu'un vint m'avertir que le feu était dans mon quartier. Effectivement, je m'aperçus que les flammes *sortaient d'une lucarne dépendant du corps de bâtiment appartenant à M. Delarue, et situé contre le pignon de M. Bénard-Lasnon, qui est au midi du bâtiment incendié.* Je courus faire les démarches pour obtenir le secours des pompiers. Je ne fus pas plus de dix ou douze minutes parti, et quand je fus de retour, j'aperçus toute la toiture qui était en feu. »

4° *Témoin*, — Jacques-Amand **Dubos**, 46 ans, marchand d'habits à Elbeuf, rue du Maurepas, dépose :

« Le jour du sinistre, sur les neuf heures du matin, je fus averti que le feu avait éclaté dans la maison de M. Dotta. Je m'aperçus effectivement que *de la première et de la deuxième lucarne de cette maison sortait de la fumée; dans l'une et dans l'autre des flammes.* De suite j'ai crié : *Au feu!* et suis allé chercher du secours. Je ferai remarquer que les *lucarnes d'où sortait le feu appartiennent à la partie du bâtiment incendié contiguë au pignon de M. Bénard-Lasnon.* »

5° *Témoin*, — Jean **Thibault**, 52 ans, peintre en bâtiments et marchand de papiers peints, à Elbeuf, rue du Maurepas, dépose :

« Le jour de l'incendie, sur les neuf heures du matin, j'entendis crier : *Au feu!* et j'aperçus, en effet, que des flammes sortaient de la *première lucarne*, vers le pignon de M. Bénard-Lasnon. On m'a dit depuis que cette lucarne dépendait de la partie louée au sieur Mordret, menuisier. Je suis revenu avec les pompiers, que j'avais été chercher, et à mon retour, je trouvai toute la toiture en feu. »

Sur l'interpellation à lui adressée à la demande de M° Rousselle, avoué de MM. Delarue et joints, le témoin déclare qu'il ne pourrait dire *à quel endroit le feu a commencé.*

6ᵉ *Témoin*, — la dame **Thibault**, âgée de 47 ans, rue du Maurepas, dépose :

« Ayant entendu crier *au feu !* je suis sortie et j'ai remarqué que des
flammes sortaient *par la première lucarne, vers le pignon de M. Bénard-
Lasnon*. — C'est peut-être moi qui, la première, ai ainsi vu le feu sortir de cette lucarne. — Je ne puis préciser la partie du bâtiment dans
laquelle le feu aurait pris naissance. »

7ᵉ *Témoin*, —Louis **Bichet**, 50 ans, tailleur à Elbeuf, rues Curmer
et du Maurepas, dépose :

« Je suis très-voisin du bâtiment qui a été incendié; je me suis aperçu
des premiers que des flammes sortaient *de la première lucarne vers le
pignon de M. Bénard-Lasnon. C'était au-dessus de M. Mordret, menuisier.*
— J'ignore *à quel endroit le feu a pu commencer.* »

8ᵉ *Témoin*, — Etienne **Desnoyers**, 42 ans, débitant à Elbeuf,
rue Saint-Jean, dépose :

« Je suis arrivé sur le lieu du sinistre, l'un des premiers, et j'ai remarqué que le feu sortait *par la première et la deuxième lucarne placées
contre le pignon* de M. Bénard-Lasnon. Je ne *pourrais dire dans quelle
partie du grenier le feu a pris naissance.* »

9ᵉ *Témoin*, — Jean-Baptiste **Dair**, 60 ans, horticulteur à Elbeuf,
rue du Neubourg, dépose :

« Le jour du sinistre, vers sept heures ou sept heures et demie,
ou huit heures du matin, je ne sais pas l'heure au juste, j'aperçus de la
rue du Neubourg une fumée épaisse allant du côté du bois. Je fus
averti que le feu était à la propriété de M. Delarue, par un individu
que je rencontrai et qui me demanda pourquoi je ne me rendais pas
au feu qui était chez M. Delarue. J'avais cru d'abord que cette fumée
que j'avais vue venait des pompes à feu de Mᵐᵉ Lécallier, de M. Malteau
et enfin de M. Tronel. Je n'arrivai donc, à l'endroit où était le feu, que

sur les neuf heures, et je me mis de suite à travailler à la chaîne. Je n'ai aucun autre détail à vous donner, si ce n'est que c'est un ouvrier de chez M. Isidor Aroux, qui me dit, sur les neuf heures du matin, que c'était chez M. Delarue que le feu s'était manifesté; je ne pouvais le croire, et j'en fis même l'observation à cet individu, parce que cette fumée que j'avais vue existait, d'après ma pensée, depuis sept heures et demie à huit heures du matin. »

10ᵉ *Témoin,* — Zoé **Cousin,** 44 ans, blanchisseuse, femme de Jacques-Henri **Berdoulet,** demeurant à Elbeuf, rue de la Porte-Rouge, dépose :

« J'ai entendu crier *au feu!* par la nièce de M. Dotta ; elle disait : « Nous avons le feu sur le dos ; » et j'ai vu de dedans la cour les flammes qui voltigeaient le long de la cheminée dans la partie qui est *voisine du pignon de M. Bénard-Lasnon.* La femme Lenoble, mère d'une des locataires de M. Delarue, à laquelle je disais qu'elle avait dû voir le feu, puisqu'elle descendait de son grenier, me répondit *qu'elle n'avait rien vu,* seulement elle s'était aperçue qu'un enfant *avait déposé son chandelier sur la première marche, au haut du grenier, qu'elle était descendue de ce grenier après lui.* »

11ᵉ *Témoin,* — Marie-Tranquille **Berdoulet,** modiste à Elbeuf, rue de la Porte-Rouge, dépose :

« Nous fûmes avertis par M. Adolphe Prevost que le feu était à la maison. — Nous nous plaçâmes de manière à découvrir de quel côté il était. Nous aperçûmes effectivement des flammes qui *entouraient la cheminée* qui est en face de la croisée de l'escalier. Cette cheminée sépare tous les greniers, dont un est occupé par la demoiselle Lenoble, le second par le sieur Mordret, et le troisième par le sieur Dotta. Mais je ne pourrais préciser si les greniers de M. Dotta touchent ou non à la cheminée. — Les flammes venaient à gauche de l'endroit où nous étions placés. — Je ne puis affirmer *l'endroit où l'incendie a commencé.* J'étais présente à la conversation de ma mère et de la demoiselle Le-

noble. Elle déclara qu'effectivement sa mère était montée au grenic.
pour y prendre *de la braise* et étendre du linge, qu'elle était descendue
après le jeune homme qui avait une chandelle à la main. Moi et la demoiselle Lenoble avons eu ensemble une conversation sur ce sujet. »

12e *Témoin*, — Charles **Fleury**, 45 ans, marchand à Caudebec-
lès-Elbeuf, dépose :

« M. Prevost ayant crié *au feu !* je suis sorti vers huit heures un quart
du matin, et j'ai remarqué que les flammes partaient *des deux premiè-
res lucarnes sur la rue du Maurepas.* »

13e *Témoin*, — François-Romain **Coiffin**, 47 ans, tisseur à Elbeuf,
dépose :

« Je me trouvais chez M. Dolta la veille du jour de Noël dernier,
pour y louer une lame, lorsque M. Prevost, qui s'y trouvait aussi,
sortit dans la cour et rentra en disant: « Le feu est en haut ! » — Je
ne sortis pas de suite; je me mis, au contraire, à travailler dans l'intérieur pour sauver les objets mobiliers qui s'y trouvaient. — Bientôt
j'allai dans la rue; je remarquai qu'il sortait de la fumée, et presque
aussitôt des flammes de la *deuxième lucarne placée près du pignon d'une
grande maison* qui excède d'un étage celle où était l'incendie. »

14e *Témoin*, — Elise **Lassire**, servante de M. Bénard-Lasnon, à
Elbeuf, rue du Maurepas, dépose :

« Vers le quart moins de neuf heures, balayant la rue, *j'aperçus la
fumée sortir à travers les ardoises, entre la première lucarne et le pignon de
M. Bénard-Lasnon.* Plus tard, et après avoir été avertir M. Bénard-
Lasnon, j'ai vu la flamme *sortir par la lucarne* dont je viens de parler ;
j'ignore *où le feu a pu commencer.* »

15e *Témoin*, — Charles **Depitre**, 34 ans, débitant, demeurant à
Elbeuf, dépose :

« Le 24 décembre, vers huit heures et demie du matin, j'ai vu les flammes *sortir de la première lucarne près du pignon* de M. Bénard. J'ai crié : *Au feu !* et je me suis ensuite occupé de recevoir dans mon domicile le mobilier qu'on déménageait de chez divers locataires. *Je ne pourrais dire à quel endroit du grenier le feu aurait pris naissance.* »

16ᵉ *Témoin*, — Auguste **Joly**, 48 ans, cordonnier à Elbeuf, rue du Maurepas, dépose :

« Le 24 décembre dernier, vers huit heures et demie du matin, j'ai vu d'abord sortir de la fumée blanche, et de suite des flammes par la *première lucarne* vers le pignon de la maison de M. Bénard-Lasnon. *J'ignore par où l'incendie a commencé.* »

17ᵉ *Témoin*, — Théophile-Adrien **Amandage**, 24 ans, tisserand à Caudebec-lès-Elbeuf, dépose :

« Le 24 décembre dernier, j'ai remarqué, de la boutique dans laquelle je travaille, que l'incendie s'était manifesté chez M. Dotta. J'ai vu d'abord les *deux lucarnes donnant sur la Porte-Rouge enflammées*, puis, peu de temps après, la troisième lucarne du côté de l'encoignure s'est aussi enflammée, *je ne sais pas où le feu a commencé*. — Je me rappelle qu'il pouvait être huit heures et demie du matin, quand je l'ai aperçu ; j'étais passé deux fois, de huit heures à huit heures et demie, *et dans la rue de la Porte-Rouge, je n'avais rien aperçu.* »

18ᵉ *Témoin*, —Alfred **Boillet**, 36 ans, appariteur de police à Elbeuf, dépose :

« Le 24 décembre dernier, vers sept heures et demie du matin, en me rendant à l'Hôtel-de-Ville, j'aperçus beaucoup de fumée dans la direction de la maison de M. Delarue ; cela me fit croire à un incendie, et après avoir été à la mairie et au bateau d'Elbeuf, qui n'était pas encore parti, j'ai appris qu'en effet le feu était aux maisons de MM. Dotta et Delarue. — Je m'y suis rendu vers huit heures du matin ; à mon arrivée, j'ai vu que toute la toiture de la maison était enflammée, et je me suis occupé des dispositions à prendre pour former la chaîne. »

Sur l'interpellation à lui adressée à la demande de M⁰ Rousselle, témoin déclare « qu'après l'incendie il a eu l'occasion de monter deux fois dans le grenier du sieur Dotta, et qu'il a *remarqué avec surprise que dans ce grenier existaient des papillotes de menuisier qui n'avaient point été brûlées. Il y en avait environ trente-trois centimètres de hauteur dans tout le grenier.* Il ajoute que, quant à la muraille de séparation avec le sieur Dotta, il ne peut affirmer si elle avait ou non des traces de l'incendie ; mais qu'il sait que dans un autre grenier que celui dans lequel se trouvaient des papillotes, une certaine *quantité de bois à brûler avait été entièrement consumée*, sans pouvoir préciser quel est le grenier dans lequel ce bois était réposté. — Il ajoute, enfin, qu'il ne sait pas si la sablière, qui s'étend de l'escalier au pignon du sieur Bénard-Lasnon, a été ou non consumée.

19ᵉ *Témoin*, François **Auzout**, 31 ans, monteur à Caudebec-lès-Elbeuf, dépose :

« Le 24 décembre dernier, vers huit heures et demie du matin, étant dans les ateliers de M. Menuguier, j'ai aperçu l'incendie ; je m'y suis transporté et je suis entré dans la cour par la porte donnant sur la rue de la Porte-Rouge. Là, je me suis aperçu que le feu était au pignon, du *côté de la grande maison*. Le toit s'allumait et commençait à brûler, lorsque je suis entré. Cette grande maison est celle de M. Bénard-Lasnon. J'ignore *par où le feu a commencé.* »

Contre-Enquête des Compagnies d'Assurances et joints.

1ᵉʳ *Témoin*, — Jean-Baptiste-Léonard **Pion**, fabricant de draps à Elbeuf, rue de la République, dépose :

« Le 24 décembre dernier, vers huit heures du matin, à un quart d'heure près, étant devant ma porte à causer avec un ami, j'aperçus une forte fumée dans la direction de la maison de M. Delaruc ; je m'y rendis de suite, et je remarquai que la fumée sortait par toutes les lucarnes, et que la flamme sortait très-abondamment *par la deuxième lucarne*. — Ma persuasion est que le feu a dû commencer *autour de cette deuxième lucarne*, parce que la flamme sortait par là *principalement*. — Quant aux papillotes, je ne suis monté dans le grenier que vers neuf heures, et je ne les ai pas remarquées. — J'ai vu seulement qu'un tas de bois à brûler avait été éteint par notre pompe. — Les pompes étaient placées de manière à protéger principalement la maison de M. Bénard-Lasnon, et les eaux qui pénétraient dans le grenier, du côté de ce dernier, retombaient sur les bois qui étaient dans les greniers incendiés.

Sur l'interpellation à lui faite à la demande de Mᵉ Rousselle, avoué, le témoin dit « qu'il n'a point remarqué, après l'incendie, qu'il y eût de la paille dans les greniers incendiés. »

2ᵉ *Témoin*, — Ernest **Sauvage,** 10 ans, lamier à Elbeuf, dépose :

« A sept heures et demie du matin, je suis monté, le jour de l'incendie, dans le grenier de M. Dotta, tenant à la main un chandelier avec une chandelle allumée. — Il y avait dans le grenier des *papillotes* et du *mollier* (coton goudronné). — J'allais dans le grenier pour couper du coton goudronné ; mais avant d'y rentrer, *j'avais déposé ma lumière sur le carré*. — Mᵐᵉ Lenoble est montée après moi par le même escalier, et m'a demandé si j'avais couché là. Je lui ai répondu : Non. — Elle est descendue *avant moi*, et je l'ai suivie immédiatement, tenant toujours mon chandelier à la main La dame Lenoble me fit des reproches d'avoir monté dans le grenier avec une lumière ; elle me dit : « Ils nous mettront le feu sur le dos, ces petits polissons-là. » Je ne lui ai rien répondu. — En descendant du grenier, je n'avais pas de copeaux ; j'avais seulement du mollier sous mon bras, et de l'autre mon chandelier. — Je ne me suis point caché ; j'ai au contraire travaillé à la chaîne jusqu'à ce que l'incendie fût éteint. J'étais au service de M. Dotta le jour où il a eu lieu, et je travaillais pour son compte. »

Sur l'interpellation à lui faite à la demande de M⁰ Gautier-Lamotte, avoué, le témoin dit : « qu'au moment de l'incendie, il y avait huit ou neuf jours qu'il travaillait pour le compte de M. Dotta, et qu'il a cessé de travailler pour lui huit ou neuf jours après. Il ajoute que, lorsque la dame Lenoble est montée dans le grenier où il se trouvait lui-même, elle n'avait pas de lumière ; qu'elle avait seulement un pot de braise qu'elle venait de prendre dans le grenier, et qui n'était pas allumée ; que le mollier appartenait à M. Dotta, et que c'est M. Victor Hareng qui travaillait chez lui, qui, lui, en avait été chercher dans le grenier, pour allumer le poêle. » Le témoin termine en réitérant son affirmation que c'est bien à sept heures et demie qu'il est monté dans le grenier.

3ᵉ *Témoin*, — Perpétue **Chouette**, femme **Lenoble**, 59 ans, trilleuse à Elbœuf, rue Henry, dépose :

« Le jour même de l'incendie, à huit heures du matin, je fus chargée par ma fille, qui est locataire dans la maison de M. Delarue, d'aller étendre du linge dans le grenier ; j'y trouvai le jeune Ernest Sauvage ; j'en fus surprise, d'autant plus que je ne savais pas comment il avait pu s'y introduire ; mais j'ai vu qu'il avait dérangé une planche pour passer. Il touchait à des copeaux ou papillotes de menuisier. Il était à genoux. Il n'avait point de chandelle à la main ; je ne sais même où il avait pu la poser, parce que je ne l'ai point aperçue. Cependant, il m'a suivie dans l'escalier, lorsque je descendais, et c'est là que j'ai remarqué qu'il tenait une chandelle allumée à sa main. Je lui ai fait des reproches à cet égard, en lui disant qu'il ne serait pas content qu'il ne nous eût mis le feu sur le dos. Il ne m'a rien répondu. C'était bien des papillotes qu'il portait à sa main et non autre chose. C'est environ une demi-heure après être descendue du grenier, qu'on est venu m'apprendre que le feu était dans la maison. *Je n'ai point dit que ce fût le jeune Ernest qui eût mis le feu*, mais seulement j'ai fait observer qu'il était bien malheureux de voir ainsi des gamins comme lui monter dans les greniers avec un flambeau allumé. Le jeune ouvrier travaillait comme ouvrier chez M. Dotta. »

Sur l'interpellation à lui faite à la demande de Mᵉ Gautier-Lamotte, le témoin répond : « qu'il n'a fait qu'un seul voyage au grenier, et qu'après avoir étendu son linge, il est redescendu avec un peu de braise, et que le jeune Ernest est descendu après lui; qu'enfin, c'est en se retournant que la dame Lenoble s'est aperçue que cet enfant tenait à sa main une lumière. Le témoin ajoute enfin, qu'il n'a jamais dit à personne, ni aux demoiselles Berdoulet, qu'il fût descendu du grenier après le sieur Ernest.

4ᵉ *Témoin*, — Libre-Brutus **Michel**, commissaire de police de la ville d'Elbeuf, dépose :

« Le 24 décembre dernier, vers huit heures ou huit heures un quart du matin, je me transportai dans la maison du sieur Delarue, rue Maurepas, dans laquelle s'était manifesté un incendie; je me livrai à la recherche des causes présumées de ce sinistre. Une femme Lenoble me fut désignée comme ayant connaissance de faits qui pourraient me mettre sur les traces des auteurs. Elle me déclara qu'elle avait monté dans le grenier de sa fille, qui habite une partie de cette maison; qu'elle avait trouvé dans le grenier un jeune enfant qu'elle ne connaissait pas, mais qui tenait des copeaux et du mollier dans ses bras; qu'étant descendue avant lui du grenier, et étant rentrée chez sa fille, elle le vit descendre ayant une chandelle allumée à la main; qu'elle le gronda et lui dit : « Méchant gamin! tu veux donc nous mettre le feu sur le dos! » A quoi cet enfant répondit par des épithètes injurieuses, telles que salope, putain. — Il m'a été impossible de découvrir la cause première de ce sinistre. Je n'ai d'ailleurs monté dans l'escalier que jusqu'à environ cinq ou six marches au-dessous du palier de l'escalier, ce qui m'a permis de jeter un coup d'œil sur le plancher. Une seconde fois, et deux heures après avoir fait cette vérification, étant accompagné de M. le juge de paix, je suis remonté jusqu'au grenier même, et là *j'ai découvert des copeaux ou papillotes qui n'avaient pas été atteints par*

...ncendie, le plancher lui-même en avait été préservé. Il n'y avait que la partie latérale du côté de l'escalier et à droite qui avait été atteinte et qui avait été carbonisée. — J'ignore l'étendue de cette partie carbonisée. — J'ai entendu M. Pion dire que la sablière du bâtiment avait été attaquée par le feu, et qu'il fallait placer des factionnaires dans la rue pour éviter les accidents qui pourraient en résulter. — Le même jour, à sept heures du soir, l'enfant qui avait été dans le grenier, et qu'on n'avait pas trouvé dans la matinée avec les autres ouvriers, se présenta chez moi, après avoir été recherché par les agents de police. Il avoua avoir été dans le grenier, avec une chandelle allumée, pour y prendre du mollier ; mais il dit qu'il *avait eu soin de placer son chandelier sur le carré du grenier, et qu'il l'avait repris en descendant avec du mollier qui était destiné à faire chauffer du brai.* Il me déclara qu'il était bien en ce moment employé chez M. Dotta. »

Le témoin, interpellé à la demande de M⁰ Rousselle, avoué, sur le point de savoir si devant le corps de cheminée qui est au milieu dans la partie du grenier qui est contiguë à la rue du Maurepas, il a remarqué qu'après l'incendie il y eût de la paille non brûlée, le témoin répond négativement.

5⁰ *Témoin*, — Victoire **Lenoble**, 34 ans, rentrayeuse, à Elbeuf, dépose :

« Le jour de l'incendie, ma mère vint chez moi, à huit heures du matin ; je la priai de porter et d'étendre un peu de linge dans le grenier et de me rapporter un peu de braise lorsqu'elle descendrait. Avant d'être descendue de l'escalier, j'entendis un peu de bruit et des reproches qu'elle faisait à un enfant qui la suivait ayant une chandelle allumée à sa main, et dans l'autre main, ou plutôt sous l'autre bras, une poignée de copeaux ou papillotes de menuisier. Ces papillotes étaient entremêlées de mollier. Je lui adressai moi-même la parole et le grondai fortement de se permettre d'aller au grenier avec de la lumière ; je le menaçai même de m'en plaindre à la police, à cause du danger auquel il nous exposait. »

Sur l'interpellation à lui adressée à la demande de M° Rousselle,
le témoin déclare que très souvent des ouvriers employés chez M. Dotta
avaient monté le soir avec de la lumière et qu'il s'est même plusieurs
fois relevé pour vérifier s'il n'y avait pas d'accidents à craindre, parce
qu'il ne dormait pas tranquille. Le témoin ajoute que les parties de
grenier n'étaient séparées que par une légère cloison en bois de feuillet
et à claire-voie.

6° *Témoin*, — Jacques-Alfred **Jobey,** commissionnaire en draperie,
à Elbeuf, dépose :

« Le jour de l'incendie, lorsque j'étais encore dans mon lit, vers
sept heures et demie à huit heures, j'entendis la demoiselle Lenoble
dire à quelqu'un : Te voilà donc encore avec de la chandelle. Je me
levai sur les huit heures un quart, et lorsque je partais pour aller au
magasin, il me sembla sentir une odeur de brûlé, et un quart d'heure ou
vingt minutes après, on est accouru me prévenir que le feu était sur ma
chambre ; j'y courus de suite et je m'aperçus que la flamme sortait
par toutes les fenêtres du grenier sur la rue du Maurepas. Ayant été
appelé devant M. le juge de paix, je revins avec lui et M. le commissaire
de police Michel. Nous montâmes ensemble dans le grenier, et je remarquai avec lui *que les copeaux ou papillotes de menuisier qui étaient à
notre droite étaient intacts* et seulement noircis à la surface. »

Sur l'interpellation à lui faite, sur la demande de M° Rousselle,
avoué, sur le point de savoir si la muraille de séparation de grenier où
se trouvaient les copeaux était noircie et si la sablière qui va de l'escalier à la propriété du sieur Bénard-Lasnon était en partie consumée,
— le témoin répond ne pas s'en être aperçu, n'ayant aucunement
porté son attention de ce côté. Il ajoute que, plusieurs fois, il s'est
aperçu que de jeunes ouvriers montaient au grenier ayant de la lumière, quelquefois avec une lanterne et plusieurs fois sans en avoir ;
qu'à cause de cela, et sans la considération qu'il avait pour M. Delarue,
il aurait abandonné sa location ; qu'il est à sa connaissance que la
d¹¹° Lenoble réprimandait les enfants qui montaient avec de la lumière,

et qu'elle a eu la constance de les suivre jusqu'au grenier et d'attendre qu'ils soient descendus.

7ᵉ Témoin, — Henri **Lair**, commis de fabrique, à Elbeuf, dépose :

« Le jour de l'incendie, comme je demeure au 3ᵉ étage en face, j'aperçus, sur les huit heures du matin, des ardoises qui fumaient près de la troisième lucarne, en les comptant à partir de la maison de M. Bénard-Lasnon; environ un quart d'heure après, je vis le feu qui sortait par les trois lucarnes, mais *surtout par la première*, près la maison de M. Bénard-Lasnon, où les flammes étaient à l'extérieur, tandis qu'aux deux autres les flammes ne se développaient qu'à l'intérieur. — Plus tard un peu, les flammes sortaient par toutes les lucarnes. »

8ᵉ Témoin, — Auguste **Lebret**, peintre-vitrier, à Elbeuf, rue Robert, dépose :

« Le jour du sinistre, je sortis entre huit et neuf heures du matin; j'aperçus qu'à mon arrivée à la maison incendiée, les flammes sortaient par toutes les lucarnes sur le pan coupé donnant sur la rue de la Porte-Rouge et sur la rue du Maurepas. — Je me suis occupé de porter secours en offrant mes services comme pompier. — Je suis allé dans l'intérieur des greniers. Je n'ai pu découvrir les causes auxquelles on dût attribuer l'incendie, mais j'ai remarqué que les planchers de ces greniers étaient en partie consumés, et j'y ai trouvé des papillotes de menuisier qui n'avaient pas été brûlées et des bûches qui étaient à moitié consumées. Les bûches se trouvaient à environ trois mètres de la cheminée qui se trouve du côté de M. Bénard-Lasnon. Les papillotes étaient peu éloignées de ces mêmes bûches. Je me *rappelle avoir vu de la paille*, mais ce n'était pas auprès de la cheminée. Les secours ont été amenés par les pompiers sur tous les points. »

9ᵉ Témoin, — Nicolas-Louis-Séraphin **Vallée**, marchand brossier, à Elbeuf, dépose :

« Je suis locataire de M. Delarue. Le jour de l'incendie, ma femme vint, sur les huit heures du matin, me prévenir que le feu était dans les greniers; j'étais encore couché. Quand les pompiers furent arrivés, ils me firent savoir que je ne devais pas quitter ma chambre jusqu'à nouvel ordre. J'y suis effectivement resté jusqu'à ce qu'un individu, qui s'est présenté au nom du maire, soit venu me sommer d'ouvrir ma porte et de déménager. Nonobstant cet avertissement, j'ai persisté à rester dans ma chambre. — Le lendemain ou le surlendemain de l'incendie, M‍ᶫᶫᵉ Lenoble me dit, ainsi qu'à ma femme, que plusieurs enfants, ouvriers chez M. Dotta, avaient quelquefois monté dans le grenier avec de la lumière; que le jour même, le matin, elle avait dit à l'un d'eux : « Malheureux! tu nous mettras le feu sur le dos. » A quoi cet enfant aurait répondu par des invectives. — J'occupais une partie du grenier donnant sur la rue de la Porte-Rouge et en face de l'escalier. Le plancher de cette partie du grenier a été, ou à peu près, entièrement consumé.

10ᵉ *Témoin*, — Pierre Jacques **Mordret**, menuisier, rue Maurepas, dépose .

« Lorsque le feu se manifesta, je rentrai dans ma maison, et j'en ressortis de suite dans la cour, d'où j'aperçus l'incendie qui se manifestait aussi bien dans la cour que par devant, quoiqu'avec un peu moins d'intensité. — J'occupais un grenier qui était séparé en deux. Dans aucune de ces parties de grenier ne se trouvaient ni copeaux, ni bois à brûler. — M. Dotta avait, à côté du mien, un autre grenier sur le derrière de la cour; il était séparé seulement par une claire-voie de deux centimètres d'épaisseur ou environ. Dans *le grenier étaient des copeaux ou papillotes de menuisier.*

Six semaines ou deux mois avant l'évènement, j'avais vu, dans le grenier de M. Dotta, des copeaux ou papillotes de menuisier.

Après l'incendie, je suis monté dans ces mêmes greniers, où *j'ai trouvé encore des copeaux qui étaient seulement noircis,* aussi bien que la muraille de séparation et la sablière. — La couverture qui couvrait les greniers a été entièrement brûlée. »

Jugement du 29 août 1850.

Attendu que, le 24 décembre dernier, un incendie se manifesta dans les greniers d'une maison sise à Elbeuf, formant l'angle des rues du Maurepas et de la Porte-Rouge, appartenant à MM. Delarue et joints, louée à divers, et notamment à MM. Dotta frères et Prevost ;

Attendu que MM. Delarue, assurés à plusieurs compagnies, ont été payés par elles du dommage matériel en les subrogeant à leurs droits, et, en cette qualité, elles ont repris l'instance, puis demandé à MM. Dotta le remboursement de la somme payée à MM. Delarue, s'élevant à neuf mille trois cent quatre-vingt-seize francs ;

Attendu que MM. Delarue, par suite du dommage intrinsèque par eux éprouvé, pour perte de loyers et privation de jouissance, ont dirigé contre MM. Dotta une action pour obtenir quatre mille francs d'indemnité, étant, d'après eux, responsables, aux termes de la loi, des causes de cet incendie ; que pour avoir paiement de cette somme, ils ont conduit une saisie-arrêt sur la compagnie la *Prudence*, à laquelle MM. Dotta sont, d'après la police, assurés, pour risques locatifs, pour quatorze mille francs ;

Attendu que, sur la demande en validité, les sieurs Dotta ont conclu reconventionnellement, vis à vis de MM. Delarue, en deux mille francs de dommages-intérêts, prétendant que cette saisie-arrêt procédait mal et paralysait, dans les mains d'un tiers, des deniers qui leur appartenaient ;

Attendu que la cause étant dans cet état, et sur les assertions contradictoires des parties sur les causes et le lieu où le feu a commencé, le tribunal a, par jugement du 2 mars dernier, appointé MM. Dotta frères à prouver, d'après les dispositions de l'art. 1734 du code civil, que l'incendie n'a pu commencer chez eux, en réservant les sieurs Delarue à la preuve contraire, et de leur chef à prouver différents faits taxatifs et constituant l'imprudence de **MM.** Dotta frères ou de leurs préposés ;

Attendu que le jugement d'appointement a reçu son exécution, et que le tribunal est aujourd'hui appelé à statuer sur le mérite des enquêtes ;

Attendu, tout d'abord, que **MM.** Dotta s'étant placés dans l'exception de l'article 1734 du code civil par la demande en preuve qu'ils ont formée, il leur incombait d'établir, d'une manière certaine et positive, que le feu n'a pas commencé ni pu commencer dans les lieux dont ils sont locataires, et notamment dans le grenier ;

Attendu que les sieurs Dotta fondent le mérite de leur enquête : 1° sur ce que la plupart des témoins disent avoir vu, dans le principe de l'incendie, le feu sortir par la première lucarne du côté de M. Bénard-Lasnon, ainsi que de la deuxième lucarne, qui ne sont point celles ouvrant sur les greniers dont ils sont locataires ; 2° sur ce qu'après le sinistre, il a été vu par plusieurs personnes, de la paille et des papillotes de menuisier qui n'avaient été que faiblement atteintes par le feu, et qu'elles n'étaient que noircies par la fumée ;

Attendu, sur le premier moyen, que l'un des greniers de **MM.** Dotta touche à celui de la deuxième lucarne, dont il n'est séparé que par une cloison à claire-voie ; que cette lucarne se trouve placée vis à vis le palier de l'escalier ; qu'il n'est donc pas impossible que le feu, qui aurait commencé dans le grenier de Dotta, après avoir couvé quelque temps, eût, en éclatant, occasionné une épaisse fumée, puis de la flamme, qui, poussée par le courant d'air qu'établissent toujours les cages d'escalier, aurait sorti par les deuxième et première lucarnes, près du pignon de la maison de **M.** Lasnon ; que la déposition des témoins n'établit donc pas que le feu n'a pu prendre dans le grenier de **MM.** Dotta ; tous, ou du moins la plupart, déclarent ne pouvoir indiquer le lieu et l'endroit où le feu a commencé ;

Attendu, sur le deuxième moyen, que la présence des papillotes de menuisier, ainsi que de la paille qui ont été vues par plusieurs témoins près de la cheminée voisine du grenier de **MM.** Dotta, ne donne pas la preuve que le feu n'a pu prendre de ce côté, et que leur conservation est expliquée par le capitaine des pompiers, qui dit que le jet des pompes a été dirigé particulièrement de ce côté pour préserver le pignon de la maison Lasnon, et que l'eau retombait sur les planches, ce qui explique la conservation de ces matières inflammables ;

Attendu que le rapport des experts dont argumentent les sieurs Dotta ne peut être pour eux d'aucun secours, puisque, d'une part, ce rapport constate que l'incendie n'a pu être causé, soit par le mauvais état des cheminées, soit par le vice de construction, ajoutant qu'il n'est pas possible d'indiquer la cause véritable du feu ;

Attendu que de cette enquête il ne ressort pas la preuve que les sieurs Dotta étaient obligés de faire pour s'affranchir de la responsabilité légale qui pèse sur eux; que des présomptions, de la vraisemblance ne suffisent pas pour les placer dans l'exception de l'art. 1734 ;

En ce qui touche la contre-enquête,

Attendu, d'abord, d'après ce qui vient d'être dit plus haut, que ce n'est ni au mauvais état des cheminées, ni à un vice de construction, que doit être attribué l'incendie, mais à une autre cause qui se trouve démontrée, autant qu'il est possible de le faire dans des circonstances semblables, par l'imprudence d'un ouvrier du sieur Dotta ;

Attendu, en effet, qu'il est établi, par le deuxième témoin de la contre-enquête, que le jeune Ernest Sauvage, ouvrier de M. Dotta, est monté, le 24 décembre, jour de l'incendie, vers sept heures et demie du matin, dans le grenier, avec une chandelle allumée ; qu'il *y est resté presqu'une demi-heure* (troisième et cinquième témoins); que pour pénétrer dans ce grenier il avait déplacé une planche (troisième témoin) ; qu'il avait même dû porter sa chandelle avec lui, car ce même témoin déclare qu'il est monté après le jeune Ernest, n'a point vu la lumière sur le palier, mais seulement l'a aperçue à la main du jeune homme lorsqu'il est redescendu ;

Attendu que ce fait constitue une imprudence dont les conséquences ont été appréciées même par la femme Lenoble qui, s'adressant au

jeune ouvrier, lui dit : « Gamin, tu ne seras pas content que tu nous
« aies mis le feu sur le dos ; »

Attendu que plusieurs témoins disent avoir vu différentes fois les
ouvriers de MM. Dotta monter dans le grenier avec de la lumière, ce
qui leur donnait toujours de l'inquiétude;

Attendu que c'est presque immédiatement après le départ d'Ernest
Sauvage du grenier qu'a commencé l'incendie; que ce fait, établi par
la déposition de plusieurs témoins, prouve que l'incendie du 24 décembre est dû, *au moins très-probablement*, à l'imprudence de Sauvage, qui est venu dans le grenier de MM. Dotta avec une chandelle
allumée, probabilité prenant un caractère d'autant plus grave que
l'enfant disparaît pendant ou après l'incendie;

Attendu que la responsabilité des locataires reçoit donc de la contre-
enquête une nouvelle confirmation, indépendamment de l'insuffisance
de l'enquête directe, l'importance du sinistre réglée entre les parties
principales, Delarue et la *Prudence*, retombent ainsi sur Dotta et joints;

Attendu, en ce qui touche les conclusions de Delarue pour ce qu'il
prétend lui être dû d'un nouveau chef distinct, qu'elle n'apparaît pas
avec le même fondement, en ce que, d'une part, plusieurs des locataires n'auraient cessé ni d'occuper, ni de payer, et que, d'un autre
côté, les termes dus et relatifs à certaines locations seraient dans une
proportion bien minime comparativement à ce qui est demandé; que
dans un pareil état de choses, le tribunal, manquant d'éléments suffi-
sants pour statuer dès à présent, doit, conformément à l'art. 523 du
code de procédure, supercéder et renvoyer les parties, l'une fournir
état et l'autre donner sa réponse au contredit;

Attendu, sur la première partie des conclusions subsidiaires, que la
responsabilité est précisément établie pour prémunir contre l'impru-
·dence à laquelle, presque toujours, devra être attribué le sinistre; que
ce serait donc annuler cette garantie que de la dénier au cas où l'incendie révélerait le délit que prévoit et réprime l'article 458;

Attendu que, même en cette matière pénale, le maître est respon-
sable civilement, et des dommages-intérêts peuvent être réclamés ac-

cessoirement à la peine ; que les articles 1733 et 1734 ont seulement consacré une responsabilité qui dispense de toute preuve et n'oblige nullement à rechercher quelle est la cause réelle, si elle est due ou non à l'imprudence et à qui on devrait l'imputer ;

Attendu qu'il importe donc peu que le petit Ernest, auquel il est fait allusion, peut être poursuivi correctionnellement ; que ce serait aux intéressés dans les suites de la responsabilité à livrer le coupable à la justice, pour obtenir, par sa condamnation, une indemnité telle quelle, qui restera toujours étrangère à la garantie due par le locataire, et qui a fait l'objet de l'assurance ;

Attendu, en ce qui touche l'autre partie des mêmes conclusions de la *Prudence*, qu'il est vrai que le risque locatif ne doit, à moins d'une stipulation précise, s'entendre, et comme le portent les statuts, d'autant plus opposables à Dotta et joints, qu'il s'agit d'une assurance mutuelle, dans laquelle il y a adhésion de sa part, et il est assureur lui-même, s'entendre, dit-on, du risque relatif à l'immeuble ou partie de l'immeuble occupé par lui, Dotta, et sans rapport, dès lors, avec la solidarité dont s'occupe l'article 1734 ;

Attendu que Dotta et joints pouvaient bien faire porter l'assurance sur cette solidarité même ou cette extension de responsabilité envers le propriétaire ; mais aux termes de cet article 13 des statuts, il fallait que la proposition en fût faite et acceptée ;

Attendu que non-seulement il n'est fait aucune mention de ce risque extensif ; mais il n'y aurait aucune raison de l'induire en présence d'un signalement de la propriété ou des objets loués, qui, même avec l'indication, une maison, ne relevaient que la partie occupée par Dotta et joints, relative à leur exploitation, et non tant d'autres aîtres loués à divers ;

Attendu qu'une nouvelle confirmation de cette entente ressort de l'importance même de l'évaluation, quatorze mille francs, qui ne pourront jamais convenir à la totalité de l'immeuble, et est, au contraire, en rapport rationnel à ce qui servait à l'exploitation de Dotta ;

Attendu que, toutefois, et seulement, comme le reconnaît elle-même la *Prudence*, il y aura lieu à faire, par ventilation dégagée du chiffre total, celui qui représentera les suites du sinistre éprouvé dans la partie des lieux loués qui aurait été atteinte par l'incendie, ce qui sera même opéré par les experts précédemment nommés, moins M. Boucourt, qui devra être remplacé.

PAR CES MOTIFS,

Le tribunal, vidant son délibéré, sans s'arrêter à aucun des moyens de Dotta et joints, et tenant leur enquête pour faillie, préférable et concluante celle de Delarue et consorts, déclare lesdits Dotta et joints, au titre de la solidarité établie par l'art. 1734 du code, responsables envers Delarue et joints et les compagnies d'assurances qui les représentent, la *France*, l'*Elbeuvienne*, l'*Urbaine*, la *Sécurité*, l'*Indemnité*, agissant à cause de subrogation, de toutes les suites du sinistre arrivé la veille de Noël dernier, par incendie, à la maison appartenant auxdits Delarue, à Elbeuf, formant l'angle des rues Maurepas et de la Porte-Rouge; en conséquence, condamne Dotta et joints à répéter à ces compagnies le montant du sinistre réglé et payé par elles : neuf mille trois cent quatre-vingt-seize francs, avec intérêts et dépens. A raison de quoi valide les saisies-arrêt conduites originairement aux mains de la compagnie la *Prudence*, laquelle sera tenue de se libérer et vider ses mains dans celles de ces compagnies jusqu'à concurrence et des condamnations ci-dessus et de ce qu'elle se reconnaîtra ou sera reconnue débitrice envers lesdits Dotta ; — supercède à statuer en plus outre, c'est à dire sur les indemnités réclamées directement de leur chef par Delarue et joints, à raison de prétendues privations ou pertes de loyers, jusqu'à ce qu'il ait été instruit à cet égard entre les parties, fourni l'état de ces dommages et procédé, conformément aux articles du code de procédure 523 et suivants, tous dépens et moyens réservés quant à ce chef, et les saisies-arrêt tenant pour ce qui resterait encore dans les mains de la *Prudence*, après l'exécution des condamnations qui viennent d'être prononcées.

Et faisant droit entre Dotta et joints et la compagnie la *Prudence*, rejette, comme mal fondée, l'exception tirée du prétendu délit; mais admettant celle dérivant de la Police et des Statuts, juge que le risque locatif assuré se borne ainsi que l'évaluation qui en a été faite, au sinistre éprouvé par le locataire dans la partie de la maison par lui occupée, et sans extension à la responsabilité envers le ou les propriétaires; ordonne en conséquence et avant de statuer plus définitivement sur l'importance du recours, que les lieux seront de nouveau accédés, à l'effet de vérifier quelle est, dans l'importance du sinistre ou des neuf mille trois cent quatre-vingt-seize francs, le chiffre qui représente les dommages causés par l'incendie à la partie des bâtiments loués à Dotta et joints et par eux occupés; commet, pour cette vérification ou ventilation, MM. Thiessé et Barre, opérant et sans nouvelle prestation de serment, par suite de leur première expertise, et M. Lalouette leur étant adjoint comme troisième expert, prêtant serment devant le magistrat présidant cette chambre ou même présidant la chambre des vacations, lesquels experts s'entoureront de tous renseignements puisés, soit dans les pièces du procès, soit ailleurs, tous dépens et moyens réservés.

Procès-verbal dressé par le Commissaire de Police.

L'an 1850, le 4 janvier, onze heures et demie du matin,

Nous, Zacharie-Victor Delalonde, commissaire de police de la ville d'Elbeuf, 2e division, soussigné,

Certifions qu'à la demande de MM. Dotta et Ce, lamiers, rue du Maurepas, à Elbeuf, nous nous sommes transporté dans la partie de maison occupée par MM. Dotta et Cie, et appartenant à MM. Delarue frères.

4

MM. Dotta et Ce nous ont fait remarquer que lors de l'incendie qui a éclaté dans cette maison, le 24 décembre 1849, à neuf heures du matin, la partie de grenier qu'ils occupaient dans ladite maison n'avait été brûlée que par la toiture. — En effet, nous avons *vu et reconnu que le plancher du grenier de MM. Dotta et Ce, qui est encore couvert de copeaux dits papillotes de menuisier, n'a point été atteint par les flammes, et que c'est la seule partie du plancher qui soit restée intacte; toutes les autres, occupées par d'autres locataires, sont détruites. Ceci prouve évidemment que l'incendie n'a pas dû commencer par cette partie du grenier.*

Le présent est délivré à MM. Dotta et Ce, afin que si les lieux ne restaient pas dans l'état où ils se trouvent en ce moment, on puisse néanmoins reconnaître la vérité.

Fait à Elbeuf, les an, mois, jour et heure que dessus.

Signé DELALONDE.

A côté est l'empreinte du sceau.

Rouen. — Imp. de H. Rivoire, r. St-Etienne-des-T., 1.